T0015023

El primer beso

Poemas de amor

Francisco J. More

Título original.
El primer beso

© Copyright 2006

Autor:
Francisco J. More

Publisher: Francisco J. More
ISBN: 0-9747851-2-1

Diseño de portada:
René Mario.

Primera edición.

Agosto - 2006

Serie: Poemas de amor Vol. II
Tema: Poesía

Impreso en U.S.A.

Dedicado a la mujer

El primer beso

La despedida...

Cuando me dijo adiós, sus ojos se nublaron
y el dolor del recuerdo se hundió en el olvido
enterramos para siempre el pasado vivido
y una tierna sonrisa sus labios dibujaron.

Fue muy triste, fue muy cruel aquella despedida,
más fue un adiós, como otros, que se dan cada día
pero,¡por Dios!, su mirada...tan lejana y fría
penetró en mi corazón como eterna herida...

Adiós...le repetí como el eco a un abismo
y haciendo acopio de fuerzas a mí mismo
me mantuve tranquilo, mirándola partir...

¡No dejes que se vaya!...el alma me gritaba
pero, no le hice caso y mientras se alejaba
me percaté de pronto que empezaba a morir...

Quiéreme...

Me he enamorado de tus ojos
que me recuerdan las noches de una infancia
donde eran mis juguetes, las estrellas...
Me he enamorado de tus cabellos
que me recuerdan los relámpagos
que iluminaban al cielo
dando luz a la obscuridad de mi cuarto...
Me he enamorado de tus senos
que me recuerdan a las montañas
de un hermoso valle
sembrado de flores y de palmas.
Me he enamorado de tus sentimientos
que me recuerdan la ternura de la brisa
secando mi sudor en las mañanas
y, que también me recuerdan las tormentas
con esas lluvias
que me aguijoneaban la cara...
Me he enamorado de tus labios
que me recuerdan a la mar cuando acaricia
con sus olas a la playa...
Me he enamorado de tu cuerpo
que me recuerda la tropical guitarra
donde canta la luna con su voz de gitana...
Me he enamorado de ti, mujer
y creo que para quererme, eso basta....

Aforismo # I

El amor

no es apropiarse de la otra persona...

El amor no es el poder,

ni la fuerza,

es entrega mutua...

El hombre que maltrate,

que humille,

que abuse de una mujer

no merece que lo llamen hombre

porque nos ofende a todos...

Eres tú...

Tus ojos son como el cielo,
el azul de mi desvelo
donde nada mi ilusión.

Dibujó el sol tus cabellos
con los sutiles destellos
que despiertan mi pasión.

Dioses, tu cuerpo, moldearon
y, en tu pecho dibujaron
volcanes en erupción.

Tus labios rojos seducen
y a suplicarte me inducen
que me des tu corazón.

Si yo pudiera...

Si yo pudiera poner entre tus manos

mi dulce amor que no puede describirse

sentirías al sol sobre los pantanos,

al cielo, al mar, a la luna y al eclipse.

Si yo pudiera enseñarte el corazón

cuando te acercas a mí, por un instante,

sentirías fiebre, lluvia y una pasión

de un dolor insufrible y lacerante.

Si yo pudiera besar tu tierna piel

y beberme de tus labios esa miel

que destila en los panales de las diosas

sentirías el amor que me sofoca

y en el beso que dejaría en tu boca

volarían extasiadas mariposas...

13

Fantasía de amor...

En el prisma de eróticas profecías,

tu bella imagen, con mis ojos, la desnudo

para tener tu cuerpo en el placer mudo

de la magia en mis sexuales fantasías.

Eres mujer, una virgen en mi sueño

pero no puedo evitar el desearte

y en ese mismo instante de rezarte

es mi pecado querer el ser tu dueño.

Esta pasión de tenerte cristaliza

en un calor que me invade y me sofoca

y ese etéreo sensual materializa

cuando tu sonrisa de hembra me provoca

en el deseo de amarte que enfatiza

mi vagabunda ilusión morbosa y loca.

Mentira...

Tu cuerpo cubrí con pétalos
de rosas, de gladiolos, de geranios
y, beso a beso,
los apartaba con mis labios...

¡Son cosas del ayer,
son cosas del pasado!

Dibujé la Luna en nuestro techo
puse estrellas de luces en el cuarto
y, beso a beso,
las enumeraba con nuestros labios.

¡Son cosas del ayer,
son cosas del pasado!

Sobre la arena, la mar mojaba
tu cuerpo desnudo
y, beso a beso,
bebía el agua con mis labios.

¡Son cosas del ayer,
son cosas del pasado!

Burbujas hice sobre tus muslos
que flotaban trémulas de sexo
y, beso a beso,
las fui rompiendo con mis labios.

¡Son cosas del ayer
son cosas del pasado!

Lo mismo has repetido ya mil veces.

¿Si son cosas del ayer,
si son cosas del pasado,
por qué suspiras y estremeces
cuando a tu oído hablo?...

Retrato...

Tus ojos son como praderas verdes
donde flores de ilusión se esparcen
con pétalos de amor y de esperanza.

Tus labios con como volcanes
que al abrirse dan paso a las pasiones
con los besos que de tu corazón nacen.

Tus cabellos son como los mares
donde el Sol anidó el sueño eterno
de una metáfora inspirada por corales.

Tus senos son estrellas que acompañan

un arroyo de piel rosada y tierna

que dibujan la forma de guitarra.

Tus piernas son el cuerpo de rosales

que se yerguen altivos y culminan

la obra en un erótico follaje....

No sé...

Amores llegaron y amores se fueron...

Ilusiones y sueños a mi vida llegaron...

y, con la misma rapidez volaron

como gaviotas impulsadas por el viento...

no sé, mujer, pero, a veces siento

que tu amor...

sólo el tuyo...

no lo he olvidado.

Amor eterno...

Díme que sí
y alcanzaré el cielo.

Díme que me amas
y beberé el mar en tus pupilas.

Díme que me quieres
y sembraré mi vida de esperanzas.

Díme que en mí piensas
y tus cabellos serán las riendas de mi vida.

Díme que soy tu sueño
y estaré en el con la complicidad de la Luna.

Díme que soy tu recuerdo
y me convertiré en niño
para estar en tí desde la infancia.

Díme que me ves en todas tus partes
y, algo más que un hombre enamorado
seré el artífice de tu felicidad eterna....

Aforismo # II

La comunicación en el amor

más que hablar

es saber escuchar...

No son sólo las palabras las que comunican

también son las miradas,

los gestos

y las caricias...

Súplica.

Azules mariposas son tus pupilas

que vuelan sensuales sobre un carmín

díme, mujer, ¿por qué tanto vacilas

cuando te pido cuidar ese jardín?....

Canción de amor.

Es amarte

el gran anhelo

que anida

en mi corazón.

Que me quieras

es el desvelo

de mi vida

es mi ilusión.

Si me besas

te prometo

darte siempre

mi pasión.

Cielo y mar

los uniría

si me amaras

una vez.

Por las noches

en la Luna

tu rostro

podría ver.

Si me quieres

te prometo

que por siempre

te amaré...

Quisiera.

Quisiera ser tus cabellos
para dormir en tu cuello...

Quisiera ser la ilusión
que brota en tu corazón.

Quisiera ser tus pupilas
cuando al espejo te miras.

Quisiera ser como el Sol
para bañarte de amor.

Quisiera ser como el mar
para incrustarte mi sal.

La brisa quisiera ser
para acariciar tu piel.

Quisiera ser yo tu almohada
para besarte la cara.

Quisiera ser ese sueño
que tu sonrisa provoca.

Quisiera yo ser el dueño
de tu alma y de tu boca.

Reencuentro.

Después de tantos años, hoy nos vimos

mis cabellos de nieve, tus cabellos teñidos.

Después de tantos años nos encontramos,

algo grueso yo, tú como en el pasado.

Después de tantos años, nos saludamos

yo, con otra mujer y tú, con otro del brazo.

Después de tantos años nos despedimos

y otra vez,

como siempre,

por distintos caminos.

Besarte, mi anhelo.

Besarte en los labios, fue mi anhelo

desde el mismo día en que te conocí

porque sabía, mujer, cuando te vi

que al besarlos, besaría al cielo

o el cielo me besaría a mí...

Mi jardinera.

Al verte por vez primera

la Luna besó mi boca

y una estrella aró en la roca

de mi vida aventurera.

En aquel desierto suelo

hizo germinar la flor

que con pétalos de amor

cubrió de pasión el cielo.

Arida y salvaje tierra

donde la raíz se aferra

en mi alma otrora fría.

Ha vuelto la primavera

gracias a ti, jardinera,

conozco al amor, un día.

Poesía

"Amada","nena","muñeca","mi amor","princesa".

Cualquier sencillo e inocente apodo

me nace del alma porque es el modo

de homenajear tu indescifrable belleza...

Si hubiera yo podido escoger el nombre

que te pusieron al nacer un día

y esto, que te digo que no te asombre

yo te hubiera llamado poesía..

Resoneto al primer beso

Cuando la primera ilusión te toca

el alma se estremece de pudor

y como surge del capullo la flor

va naciendo un beso de tu boca.

Sientes mariposas en el pecho

el corazón te late apresurado

y en constante pensar está a tu lado

un sueño virgen allí en tu lecho.

Alumnos noveles sin enseñanza

tus labios vuelan a la esperanza

de ese amor virginal y primero.

Y un día, no esperado, allí en tu boca

vive el alma el beso que provoca

un espíritu pasional y aventurero.

No es sólo un beso, el primer beso,

es mucho... mucho más que eso,

es algo sólo de tu personal historia,

es un dulce placer inconcebible,

es lo único inmortal e irrepetible,

es el primer capítulo de amor en tu memoria.

Labios que entregan ese virgen pudor

en un minuto que no tendrá regreso

memoria inolvidable el primer beso

recuerdo eterno del primer amor...

Se graba para siempre en la ilusión

ese imborrable momento de embeleso

sobrevive hasta la muerte el primer beso

te persigue como el acorde de una canción...

Al natural

Del original color

quiero peinar tus cabellos.

Sin químicos, ese pudor,

que nace de tus mejillas

con los sonrojos tan bellos

que bordeaban las orillas

de tu rostro al natural

con esa piel celestial

en tus hermosas mejillas.

Desnuda, mujer, desnuda

quiero verte caminar

y con adoración muda

besar tu piel y tu boca

con esta pasión de amar

que tu figura provoca.

Ver tu naturaleza

pura, sincera, salvaje

sin el falso maquillaje

que transforma tu belleza.

Quiero ver tus lindos ojos

donde el futuro se ve

en tierno color café

y con sensuales antojos.

Te amo como eres, mujer,
sencilla, fiel y cabal
en tu diario proceder,
sin que algo artificial
se interponga entre los dos,
me gustas al natural
como sólo te hizo Dios.

Volveré a verte.

Volveré a verte...

cualquier día,

en cualquier parte...

Tú cambiarás la mirada

hacia algo para ti, más importante...

Volveré a verte

y, una vez más el alma

se estremecerá al caminar descalza

por una calle cualquiera

que será semejante

a la que al verte venir

perdí hace tiempo

mi juventud en calma.

Volveré a verte,

y al mirar a otro lado

pensarás: pobre tipo

ni recuerdo el haberlo amado...

Pero yo,

como siempre,

al verte, miraré al pasado

donde tengo el recuerdo

de esos labios

que ardían al besarme

y que hoy,

hoy

sólo saben despreciarme...

La mujer...

La mujer es sinónimo de naturaleza

porque es ella misma en forma viva...

Furiosa como las tormentas...

Explosiva como los volcanes...

Misteriosa como las selvas...

Apacible como la brisa...

Hermosa como las flores...

Da frutos como las plantas...

Da sosiego al que ama...

Es un terremoto cuando la traicionan...

Tiene en su pecho montañas...

Su vientre

es la pradera donde el deseo pasta...

Sus labios son rosales...

Sus cabellos son como corceles...

Tiene ojos como el café,

como la miel,

como la noche,

y también de esmeraldas.

La voz es la música que la naturaleza

crea

en los corales sumergidos en las aguas...

Y como el mar

nos permite navegar

y también... también

puede hacer que naufrague la barca...

Recuerdo eterno

Ha sido fácil amarte

con esa cintura

de palma tropical

que desafía con su belleza

a los valles...

Ha sido fácil amarte

con ese rostro

donde unos ojos café

retan a la ternura de la naturaleza

y brillan más que la Luna en las noches

pero que también son salvajes como las fieras

cuando las embravece algo..

Ha sido fácil amarte

con esa piel de pétalos de flores

con esa respiración agitada

de playa huracanada

o de apacible verano...

Ha sido fácil amarte

con esos cabellos nocturnos

que recuerdan el misterio del romance...

Ha sido fácil amarte

porque eres tierna, dulce,

amiga, madre y amante...

Ha sido fácil amarte

pero, que difícil...

o, más bien, imposible

me sería olvidarte...

Siempre pienso en ti...

Cuando caminas

me recuerdas a la brisa

moviendo a los palmares y a las flores...

Cuando sonríes

es como la Luna lo hace al mar

en las noches de alcoba...

Cuando me miras

es como si esas mariposas de tus ojos

bailaran sólo para mí...

Cuando hablas

es como si la misma voz

de mis canciones de cuna aún me arrullara.

Cuando estás triste

es como si un día gris

lleno de nubes sin formas

cubriera mi vida

y con la lluvia pertinaz y fría

lacerándome la cara.

Cuando estás alegre

es como si una explosión

de fuegos artificiales

irradiara toda esa luz en mi pecho

y mil palomas volaran...

Cuando me besas

es como si un sol radiante naciera

saturado de tambores y maracas

con la tropical primavera de tu cintura

asida por mis manos

y con tu aliento calándome el alma...

Veo tus cabellos en las noches,

tus labios en la Luna,

tus ojos en las flores,

tu cuerpo en las palmas,

siento tu presencia en la brisa,

tu calor de mujer en el verano;

te veo, te siento, te percibo

en todas partes

porque sencillamente

estoy muy feliz de tanto amarte...

El cielo te envió a mí...

Muerta la esperanza de hallar amor

y casi en el silencio de la muerte

iba pensando que mi mala suerte

me hundía en un abismo de dolor.

Caminaba por los obscuros senderos

con pesadillas que me sacudían

los fantasmas saltaban y reían

con felicidad de sepultureros.

Ya casi en el ocaso de mi vida

con mi carga de ilusión fracasada.

apareciste tú como el anhelo

de aquella, mi esperanza ya pasada

sanaste con tus besos a mi herida

y supe entonces, que te envió el cielo...

Aforismo # III

El que desconfía o duda
del amor de una mujer
debería alejarse de ella
porque de lo contrario,
no sólo sufriría él
sino que la haría sufrir más a ella...

Soneto para una dama...

Eres mujer, una estrella
que mi barca en el mar guía..
Eres una flor tan bella
eres, en fin, poesía...

Verso a verso hizo natura
tu incomparable belleza
te dio esa mirada pura
puso en tu boca, una fresa.

Y la noche te otorgó
el color de tus cabellos.
Y una diosa regaló
para tu piel, los destellos
del Sol que marcó en ellos
tu bronceado rococó...

Gracias, mujer.

Caminos anduve rodeado de eriales

las espinas se clavaron en mí, con dolor,

pero al encontrarte en mi camino: tu amor

transformó aquellos secos arbustos en rosales.

Casualidad...

En un jardín lleno de bellísimas flores

siempre hay una,

una sola, que tu atención llama

y es esa precisa la que de amor te inflama

aunque sea la que te dé los sinsabores...

Receta de amor.

Mis ojos besan febriles

tu piel desnuda y sensible

y tu boca apetecible,

encienden a los candiles,

quemándome al corazón

con las llamas pasionales

de ansias espirituales,

nacidas de una ilusión,

que mezclan sexo y amor

en una divina sopa

de caribeño sabor,

uniendo al fuego y la estopa,

con especias de pudor

de tu cuerpo sin la ropa...

Mi barco viejo...

Para Ana

Por sobre la mar bravía,

saturada de dulciamargos recuerdos

navegaba mi vida en un barco viejo,

golpeado por tormentas que le hacían

mucho daño a los sufridos maderos...

Siembre mi barco continuó la ruta

-porque un pescador es persistente-

y, a pesar de los rayos que incendiaron,

más de una vez, sus velas navegantes

y, de las olas, que lo bañaban

con la sal desabrida,

la esperanza y la fe me condujeron

firme en el propósito de hallar mi

estrella...

Por fin, allá en el cielo,

en una noche de memorias que sangraban,

a través del barco viejo que aguas hacía,

apareció la virgen de mis sueños

que tomó de mi embarcación el mando

y lo condujo a la felicidad eterna....

Desilusión...

Te amé como quiere un niño

pensando que tú pensabas

lo mucho que tú me amabas

y en mi infinito cariño.

Siempre creí que sentías

lo mismo que por tí siento

era un falso juramento

cuando amarme me decías...

Por perdida ya mi vida

el dolor va consumiendo

y aunque seguiré viviendo

hoy, mi alma se suicida...

Canción sin música...

Voy a hacerte una canción
sin acordes musicales,
sin tambores ni timbales
sin piano y sin acordeón.

Con la letra solamente
cantando todo mi amor
con el criollo sabor
de una pasión ascendente.

No sé si será bolero,
merengue, samba o danzón,
o rumba, cumbia o un son
o un cha-cha-cha cubanero.

La letra dirá: te quiero
como la tierra a la flor
y jurando por mi honor
como un gallardo guerrero:
Mi promesa hago formal
de adorarte eternamente
con toda el alma y la mente
de una ilusión sin final.

Canción de amor que va en pos
de una extraña poesía...
¿La música?...Amada mía,
la compondremos los dos.

Décima del recuerdo.

Por ser tú una buena amiga
nunca te dije mi amor
y hoy me consume el dolor
del recuerdo que incentiva
esta llama cruel y viva
que me quema el corazón
sin que pueda mi razón
ese pasado borrar,
no me puedo perdonar
porque no tengo perdón...

Entre palmares soñé

besar tus labios tan rojos

y beber allí, en tus ojos,

el sabor de mi café.

Pensar por pensar, pensé

demostrarte que te amaba

y que sólo en ti pensaba

de una forma tan constante

que ya era obsesionante,

mientras que mi amor callaba.

Mi amor por ti yo callaba

y al mostrarte mi amistad

se iba mi felicidad

y mi alma agonizaba

en la tumba que sellaba

para siempre mi ilusión

sepulté a mi corazón

con el secreto de amarte...

ya nunca podré olvidarte

ni otorgarme yo el perdón...

Condición para olvidarte...

Quieres que deje de amarte

y con mi angustia me vaya

a una solitaria playa

donde pueda recordarte...

Pero no puedo olvidarte

aunque con fervor lo pidas

tus palabras son heridas

que parten el alma mía

yo por siempre te amaría

aunque tuviera mil vidas.

Para poder alejarme

de tu lado, te propongo,

una condición que impongo

antes que puedas dejarme

vas a tener que entregarme:

no el amor que nos tuvimos

ni la ilusión que vivimos...

pido como condición

que devuelvas con pasión

los mil besos que nos dimos.

Para nuestra querida Sponsky

Fuiste en mi vida una sencilla brisa

si menciono tu nombre lloraría

para recordarte siempre cada día

Sonrisa... Voy a llamarte sonrisa.

Amor primero.

Ese primer amor: único y sincero

el primer beso con la frase: te quiero.

La primera caricia hace estremecer...

El primer tributo de un cuerpo al placer.

La primera esperanza, el primer anhelo...

La primera mirada que se alza al cielo.

La primera vez que el corazón se entrega

en desafío al pudor que el alma niega..

Por primera vez se conoce al amor

y por primera vez llegará el dolor...

Tal vez exista otra vez y una tercera

y también serán como la vez primera...

Cada amor es el primero y diferente

y en esa diferencia también se siente

como la primera vez que hubo llegado

porque el nuevo amor es el sepulturero

del otro amor que entierra en el pasado

con un beso que es semejante al primero.

Bésame.

Bésame...bésame una vez siquiera

con esos labios de estrellas salvajes,

con tu boca de ardiente primavera

que dibuja con arte los paisajes

de la más pasional mitología...

Sólo un beso de tu boca sensual,

sólo un beso suplico amada mía

y habrá de germinar en mi rosal

el nuevo y puro amor que habrás sembrado.

Bésame una vez para percibir

tu virgen corazón ilusionado...

63

Bésame una vez para así sentir

en ese beso tu alma suspirar...

Bésame y volarán mil mariposas...

Bésame una vez y podré probar

el sabor de los labios de las diosas...

Al verte...

Al verte, mujer, al verte,

veo un claro amanecer

con ese Sol que al nacer

me recuerda que al quererte

amo también a la vida...

Al sumergirme en tus ojos

nado feliz entre antojos

de tu alma enfebrecida...

Cuando en el hogar caminas,

con pura sensualidad,

pareces una deidad

y hasta mi cielo iluminas.

Tu vientre es una pradera

donde cabalgo extasiado.

Tus labios son el preciado

tesoro de primavera

de osada piratería...

Si contigo hallo el vivir...

¿Para qué quiero salir?

Si eres mi noche y mi día...

Aforismo # IV

Cuídate de la lengua

que habla sobre otros muy mal

porque cuando des la espalda

te clavará su puñal...

Agradable sorpresa.

Me he sumergido por tus ojos

hasta tu alma.

He ido nadando hasta tu memoria

para convertirme en un recuerdo

y poder buscar en tu corazón virgen,

en el lugar recóndito de los secretos,

ese amor que escondes celosamente

y, me has sorprendido, mujer

pues vi grabado mi nombre...

Déjame.

Déjame escalar con mis besos tus montañas...

Déjame nadar en tu playa caribeña...

Déjame quererte como tu ilusión sueña...

Déjame llevar mi pasión a tus entrañas...

Déjame jugar con tus cabellos hermosos...

Déjame acariciar tus labios con mis flores...

Déjame absorber tus crueles sinsabores...

Déjame besar tus ojos tan brillosos...

Déjame admirar tu bello cuerpo desnudo...

Déjame amar con locura tu anatomía...

Déjame contemplarte con un placer mudo...

Déjame hacer contigo...mi mejor poesía...

Al hacerte el amor...

Al hacerte el amor

las estrellas parpadean de envidia

y, la Luna, se ruboriza

con su pureza de Virgen de la Noche.

Beso tu piel

y un sabor de miel y de caña,

de amanecer campesino,

moja mis labios.

Te acaricio

y siento en mis manos

la arena azucarada de una playa

nacida de un sol de flores...

Al hacerte el amor

los astros observan con nostalgia

el pasado mitológico

de los amores de Zeus; Neptuno;

Afrodita y Venus, entre otros,

perdidos en la historia,

llena de romanticismo,

que ahora algunos llaman anacrónico

y, que otros recuerdan,

como primaveras olvidadas

sin retorno...

Beso tus ojos

y un caudal de fuegos artificiales

hacen explosión en mi pecho

para celebrar tu mirada.

Navego entre tus muslos hacia el puerto

donde culmino un viaje inolvidable

después de recorrer tus mares

agitados por mis besos,

tranquilos por mis caricias

y al final,

plenamente satisfechos.

El último romántico.

Me has dicho que soy el último romántico

que vivo con mis recuerdos anacrónicos

de versos inspirados en estrellas,

salpicados por la Luna,

bañados de corales...

Me has dicho que mis poemas,

con el ritmo de antaño,

caminan como ancianos

arrastrando el pasado.

Quizás sea un romántico,

alguien a quien las flores lo estremecen,

que aún mira a las estrellas,

que saluda a la Luna cuando sale...

Quizás sea un romántico

que se acerca al mar con sus recuerdos

y, que cada sonrisa de mujer

me parece de la belleza, un canto.

Quizás sea un romántico

que admira los cabellos de una dama

como si de Dios fueran sus manos...

Pero, no puedo ser el último romántico

porque donde haya una mujer,

nacerá un poema de sus labios,

habrá versos y metáforas en sus ojos,

ritmo en sus pasos...

Donde haya una mujer

habrá poesía,

entonces, no puedo ser el último romántico.

A mi madre: Lucía

Amor....

Sólo pude jugar con nubes en el día

y con estrellas en la noche...

Apostaba con mi hermano

si la Luna

se dejaría besar por el Sol,

en un eclipse,

o como virgen seguiría...

Naranjas para vender fueron juguetes...

Jardines que limpiar fueron las flores

que llevaba a mi madre en las tardes...

Sin embargo,

nada faltaba...

Nada faltaba

porque el amor que daba nuestra madre

suplía a los juguetes,

callaba al hambre;

hacía hombres de niños

con su amorosa magia

y el mejor verso que recuerdo

de mi infancia,

era cuando sus labios se abrían

para llamarme a su regazo

y darme un beso en la frente

con ese amor

que nunca he olvidado.

Virgen de la Noche.

Ella ha sido mi amiga,

mi compañera, mi novia

cuando de niño, iba a la laguna

para besar su rostro en el agua...

Ella, la Luna, será mi cómplice

cuando yo haga volar las mariposas

en tu pecho lleno de crisálidas...

La Virgen de la Noche

se reflejará en tu piel

de cañaveral ardiendo...

Y allí, muy cerca de las margaritas

tus pétalos temblarán de pudor

al acercarse mis manos ansiosas...

Gracias a ella,

mi nocturna cómplice,

lograré amarte como he soñado

y, sólo la eterna inmaculada será testigo

de nuestro amor único y sincero...

Eres.

Eres de una belleza indescifrable

como los misterios de una historia

extraída de corales y de estrellas

que viven en el cielo y en los mares....

Eres tan hermosa, tan sencilla

que tus ojos bailan como mariposas

mientras que tu cuerpo se mueve

como una flor acariciada por la brisa...

Sé que hasta Dios te observa embelesado

y que las Diosas del Olimpo te envidian...

Sé que si existe mi suerte, lleva tu nombre,

mi riqueza eres tú...

No quiero poder,

no me interesa la fama,

sólo quiero tenerte entre mis brazos

durmiendo junto a mí,

caminando por las calles de los barrios

para tener esos recuerdos incrustados

en un presente que será pasado

y que alimentará mi futuro anciano

con sonrisas,

ilusiones,

y un sueño

de que aún tendré más vidas para amarte

una vez que haya reencarnado.

Aforismo # V

Puede haber flores, estrellas, Luna, noche y día

cometas, astros y, metáforas por doquier

cielos y corales pero, de no estar la mujer

no habría existido nunca jamás la poesía...

Aforismo # VI

El amor,

es como una mariposa,

si maltratas sus alas

ya nunca más podrá volar...

La infidelidad es como una herida,

podrá curarse con el tiempo

pero, la cicatriz siempre quedará...

Nunca cambies unos minutos de placer

por la felicidad de todos los días...

Tú eres mi futuro...

Hubo brisa,

lluvia, tormentas y huracanes,

me desvelaron amores,

alimenté mi alma con esperanzas frustradas

y, a veces, un sorbo de felicidad bebía

con el desespero de un sediento

enfermo de sueños.

Fui un vagabundo buscando luceros

y hasta un paria sin himno ni bandera,

un jardinero de camposantos

velando por mis ilusiones muertas.

Caminé por senderos de noches

donde espectros de mujeres,

cabalgando en salvajes unicornios

se reían de mis intenciones.

El amor,

me acarició con sus labios de virgen

y, también,

me azotó con su boca de ramera.

El amor,

ese etéreo y emocional ente,

que da sonrisas y lágrimas,

me otorgó los besos de mujeres

como regalos de sol y primavera

y, que después,

fueron llamas que el alma me quemaron.

Después de tanto caminar sobre los eriales,

casi al final de un destino incierto,

hallé en el abismo

del coraje, de la pasión,

de la ilusión ferviente,

en el ansia agonizante de mi santuario,

tu corazón de estrella,

tu cuerpo de ninfa,

tus labios de playa tropical,

tus ojos de margaritas mañaneras

que me llevaron al cielo

para encontrarme con Dios

y que sorpresivamente,

me dijera: "de haber sido humano

la hubiera enamorado a ella"...

El primer beso.

Tus labios juveniles ansiosos de pasión

besaron a los míos con el virgen pudor

del primer momento en que surge ese único amor

bañado por un mar de inmaculada ilusión.

Con el sabor a rosas, tus labios de mujer,

se abrieron en el sueño de un tropical paisaje

mientras, tuve que amordazar mi alma en el salvaje

deseo de amarte toda con carnal placer.

Alegres mariposas revuelan en tu pecho

y sexuales ansias de tu piel sobre tu lecho

alimentan con sueños la fiebre de tu boca.

Momento inolvidable, eterno, ese primer beso...

Jamás vuelve a sentirse el etéreo embeleso

que ese beso inolvidable y único provoca...

El amor es...

El amor es
un coral lleno de mariposas marinas
que al revolotear felices
provocan olas sanguíneas
que invaden un corazón en sueños.

El amor es
mirar a las estrellas en la noche
para compartir el secreto con la Luna
quien, coqueta,
se mira en las aguas
para repetirte su virginidad cristalizada.

El amor es
una explosión de sol en las entrañas
que se apaga
sólo en los labios de la mujer ansiada.

El amor es
la sonrisa de una adolescente romántica
quien aún busca en las flores
la belleza de una ilusión inmaculada
que sin desprenderse
de una sensualidad apasionada
prefiere el preámbulo inocente
de caricias,
palabras y miradas.

El amor es
un volcán que arde en el pecho,
con las diosas del celo,
cabalgando con sus látigos
dando azotes en el alma
con poder fiero.

El amor es
el arrullo de un lago,
que entre arbustos,
da albergue al tranquilo pensamiento
de la fidelidad del alga a su regazo.

El amor es
entregar el corazón en la mirada,
sonreír con rosas en los labios,
besar a la mujer ansiada
con el placer de un sexo
limpio de eriales.

El amor es el amor
y, como tal, es único, inmortal
y brilla...
cualquier otra cosa,
no es amor,
sólo mentira...

Carnal amistad...

Fue una amistad,

de esas,

en las que uno no quiere entrar nunca

porque, soñando y soñando,

con alcanzar el paraíso

se hunde en el abismo.

Fue una amistad

pero tus ojos de miel

me atraparon en las redes de un panal

cuyas paredes se cubrían de erotismo.

Fue una mistad

pero tus cabellos de sol

me bañaron la piel del deseo

y me hicieron ansiar tus labios.

Fue una amistad,

pero tus volcanes rozaron mi brazo

y sentí las llamas dentro del cuerpo

explotando sensuales

mis fuegos artificiales.

Fue una amistad

pero tu cintura tropical

y esas caderas, con tambores caribeños,

me hicieron bailar esta danza pasional

donde no hago más que desearte.

Regresemos al ayer...

Regresemos al ayer romántico
donde los arroyos cantaban al amor.

Volvamos al pasado
donde se esperaba al amanecer,
al tierno sol,
con el recuerdo del beso de la amada.

Regresemos al mundo emocional,
donde una carta de amor,
escrita a mano,
mostraba letras pasionales
de la ilusión de un sueño.

Alejémonos del entorno cibernético

cuando hagamos el amor,

no con sexo morboso,

ni líbida ansia animal,

sino con gestos,

con palabras,

con caricias

que lleven la rúbrica de un alma

verdaderamente enamorada.

Regresemos al ayer

con inhibiciones naturales,

rocemos la mano de la mujer amada

antes de besar sus labios

y besemos varias veces sus labios

antes de hallar el sexo.

Tan hombre era el hombre de antaño

como el del presente..

Tan bella era la mujer del pasado

como la de ahora...

Tan pasional era el pasado

como el hoy..

El presente tiene flores,

la mujer las ama como siempre,

el Sol sigue en su ternura matutina...

La Luna sigue siendo la Virgen de la Noche...

La playa continúa su arrullo a la arena...

Las manos pueden escribir todavía un poema...

Se puede besar mucho antes del sexo...

Se puede mirar a la mujer como a una diosa...

Se puede brindar una sonrisa

como prueba de amor hacia una dama...

Se puede amar a las flores,

a la Luna,

al Sol,

al mar,

y se sigue siendo hombre

como lo fue el hombre del pasado...

Vivamos el futuro cibernético

para lo que es: la ciencia...

Nosotros disfrutemos del amor,

del romanticismo,

como lo hicieron en el pasado,

porque no somos máquinas

sino, sencillamente humanos...

El primer beso. II

El primer beso nos hace sentir

mariposas que vuelan en los labios.

Unicornios llevan al corazón galopando

a través de nubes de esperanzas.

El primer beso es un sueño hecho realidad

que se graba en el alma inmaculada

entonces,

el corazón reza a la Virgen de la Noche

para que ella rubrique el mágico momento.

El primer beso es el final de la infancia

y el comienzo de la tierna adolescencia.

El primer beso es el regalo divino

que Dios nos da por una sola vez

para que lo recordemos hasta la muerte.

Índice